WILD ANIMALS

COLOR by NUMBERS

for adults

50 COLORING PICTURES

p.6

p.7

p.8

p.9

p.9

p.10

p.11

p.12

p.13

p.13

p.14

p.15

p.16

p.17

p.17

p.18

p.19

p.20

p.21

p.21

p.22

p.23

p.24

p.25

p.25

p.26

p.27

p.28

p.29

p.29

p.30

p.33

p.33

p.36

p.39

p.31

p.34

p.37

p.37

p.40

p.32

p.35

p.38

p.41

p.41

p.42

p.43

p.44

p.45

p.45

1
2
3
4
5
6
7

1
2
3
4
5
6
7

1
2
3
4
5
6
7
8

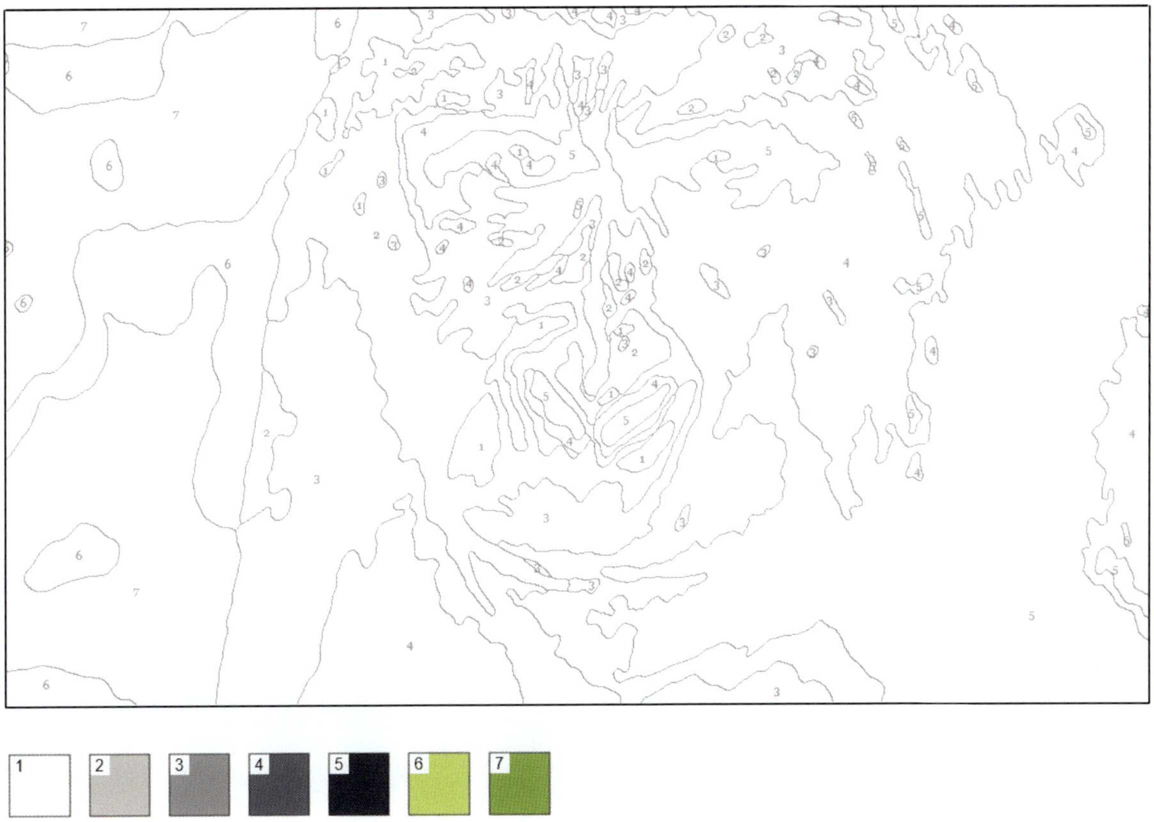
1
2
3
4
5
6
7

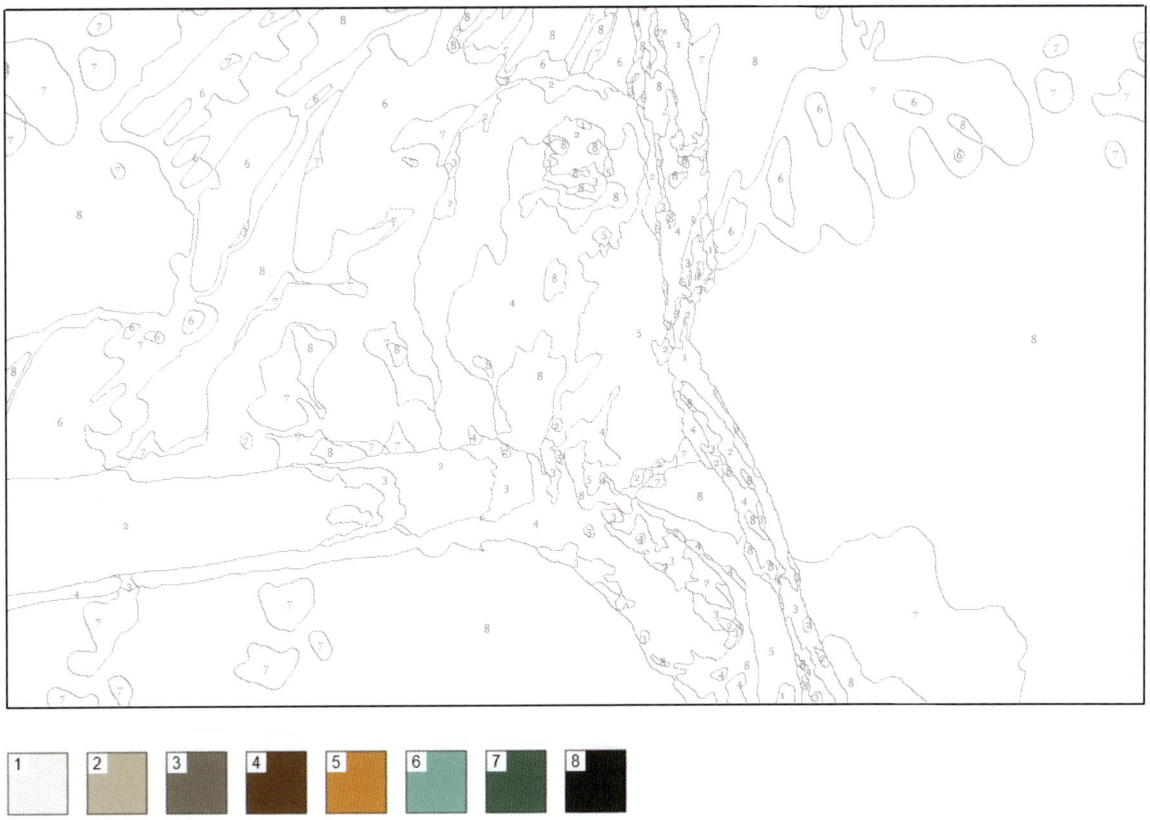
1
2
3
4
5
6
7
8

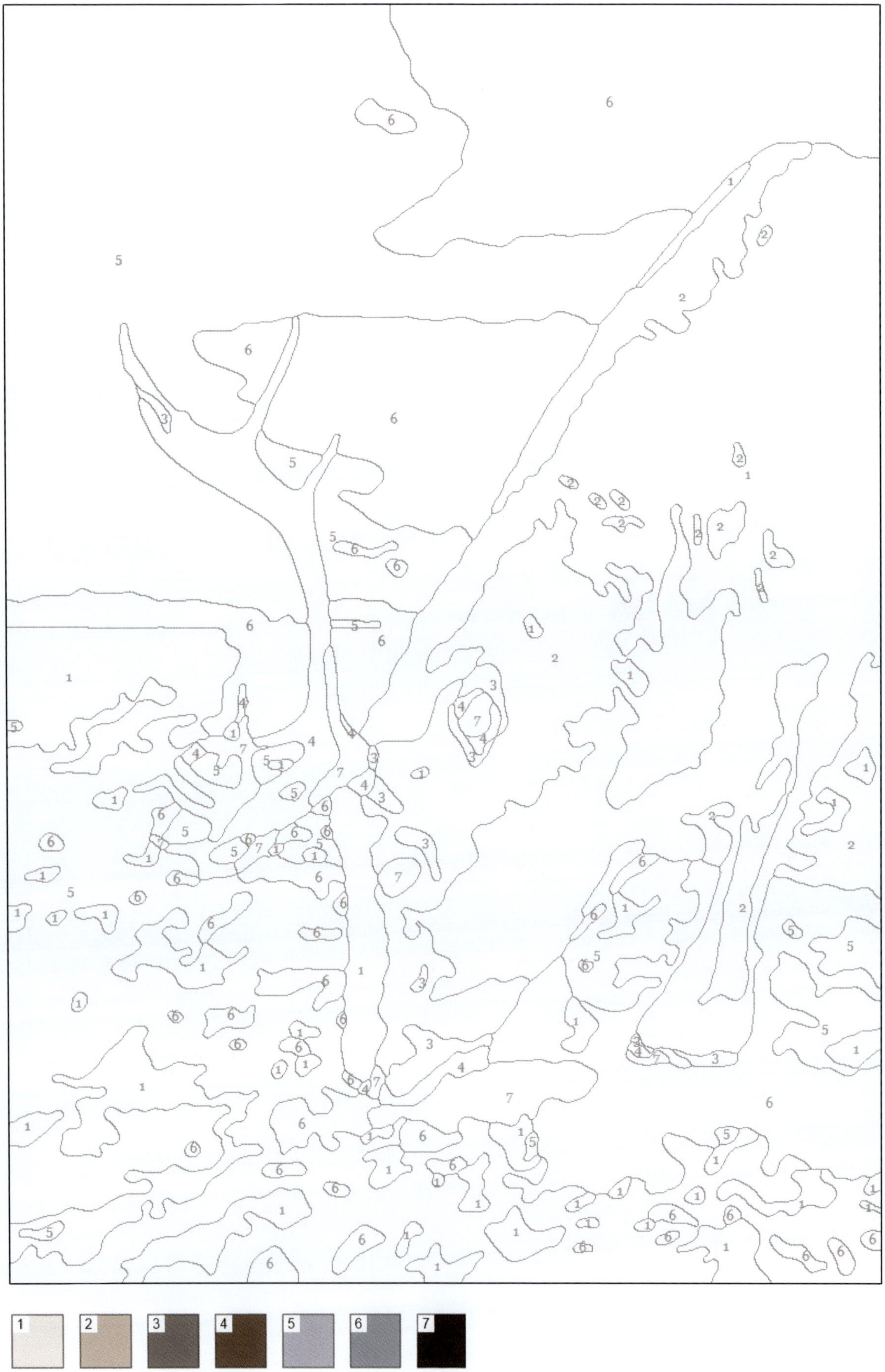

1
2
3
4
5

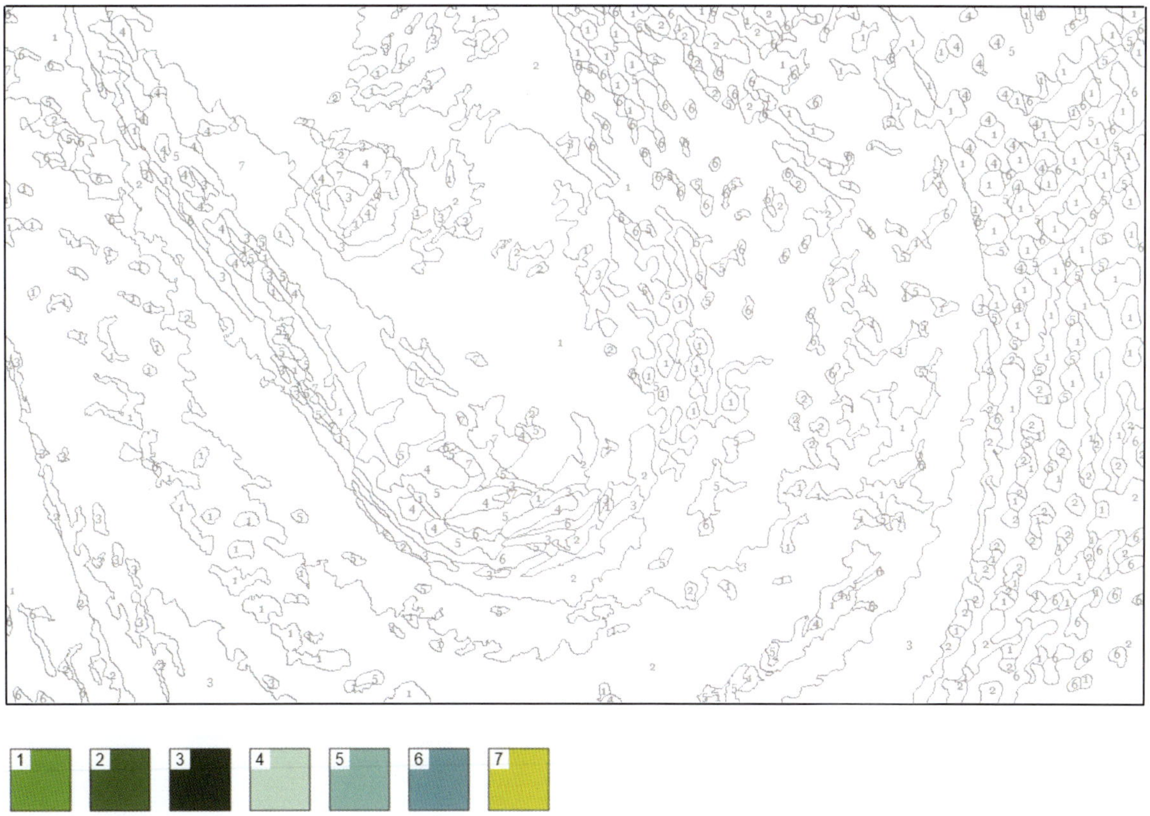

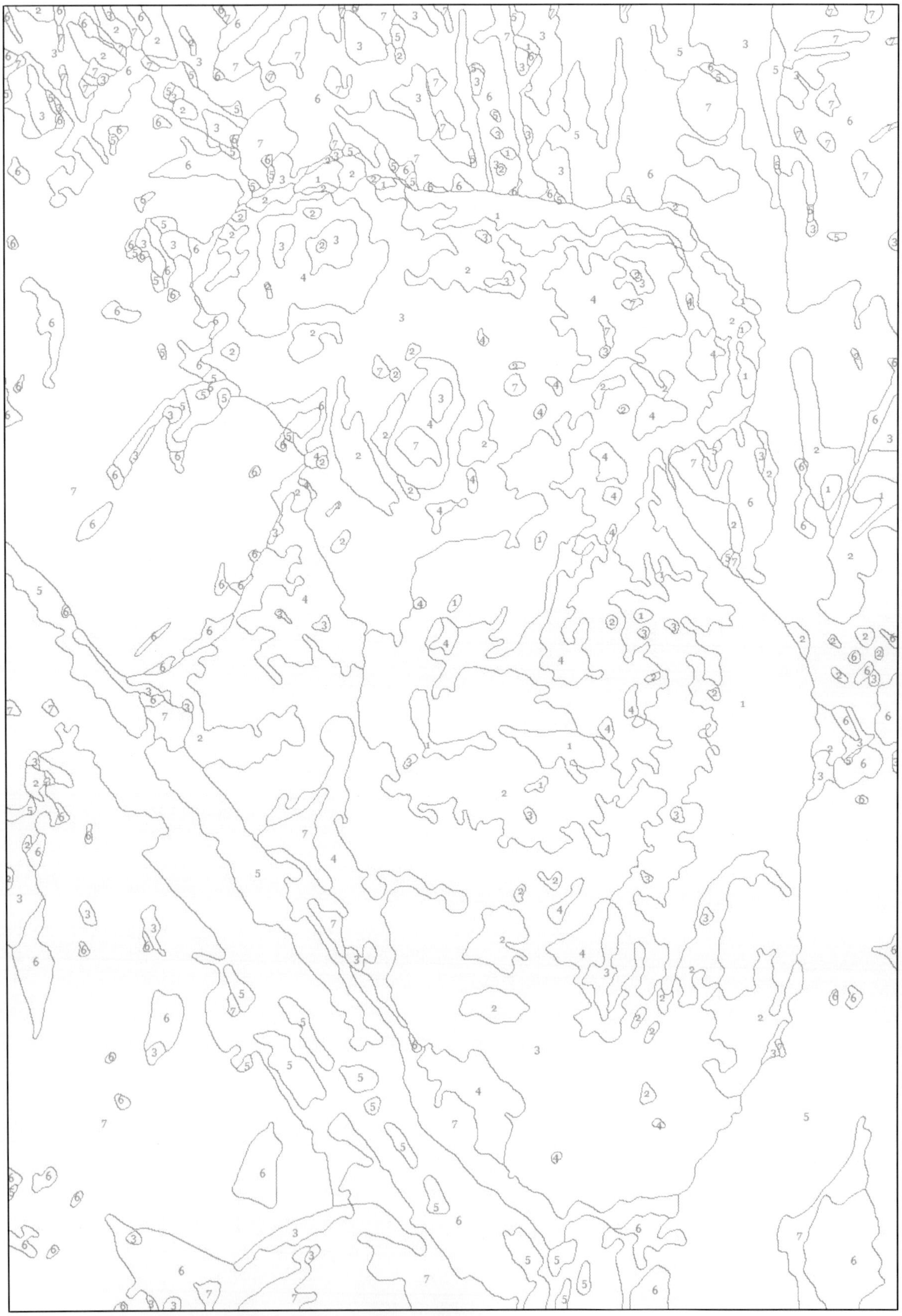

1
2
3
4
5
6
7

1
2
3
4
5

1
2
3
4
5

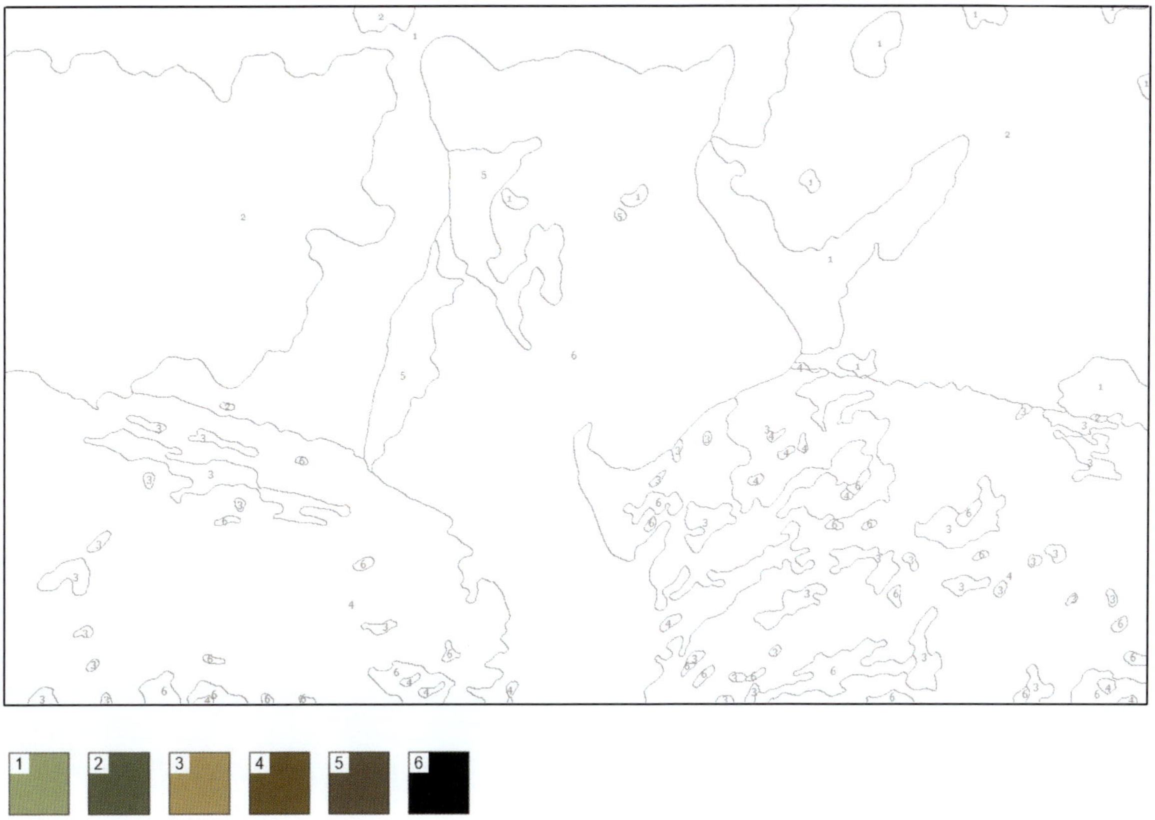
1
2
3
4
5
6

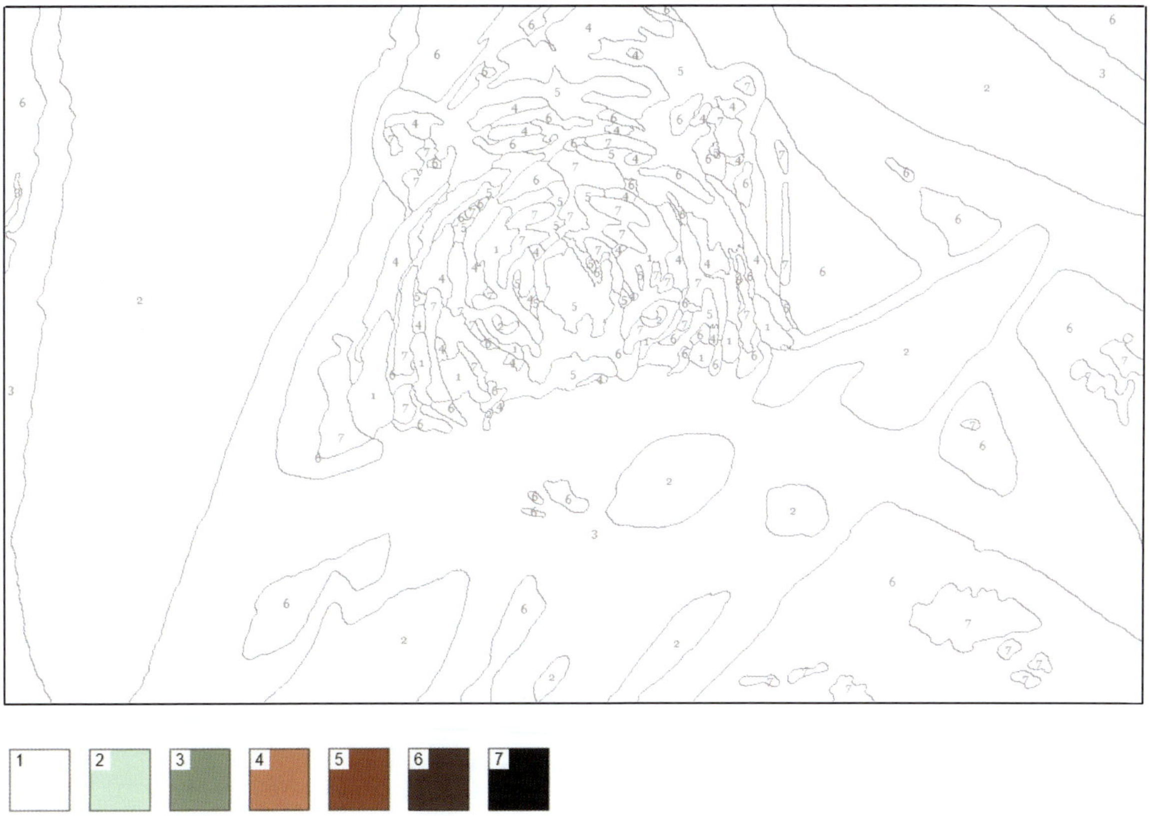
1
2
3
4
5
6
7

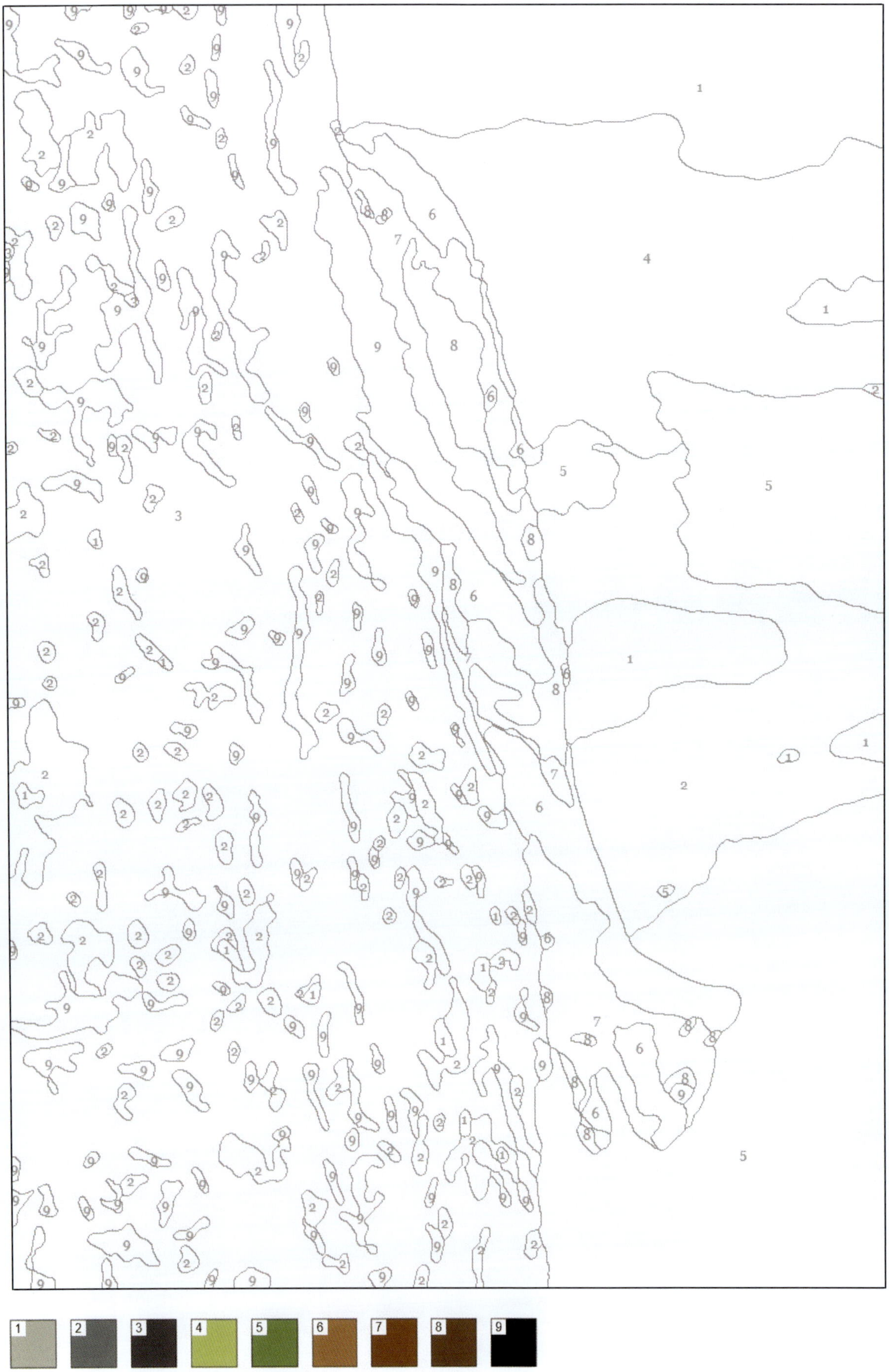

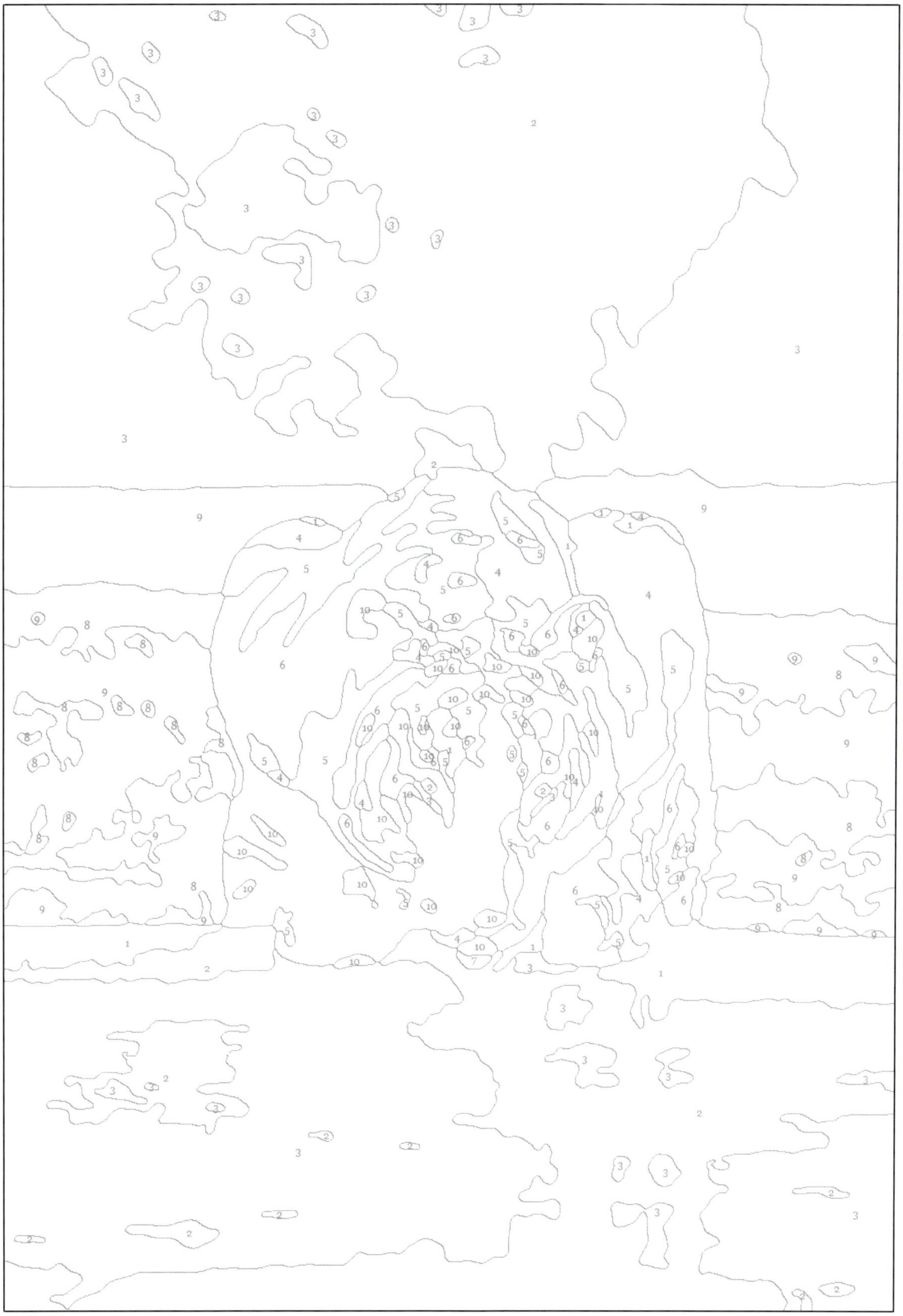

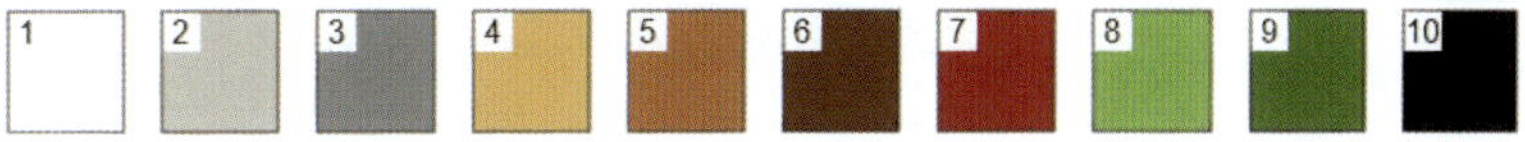
1
2
3
4
5
6
7
8
9
10

1
2
3
4
5

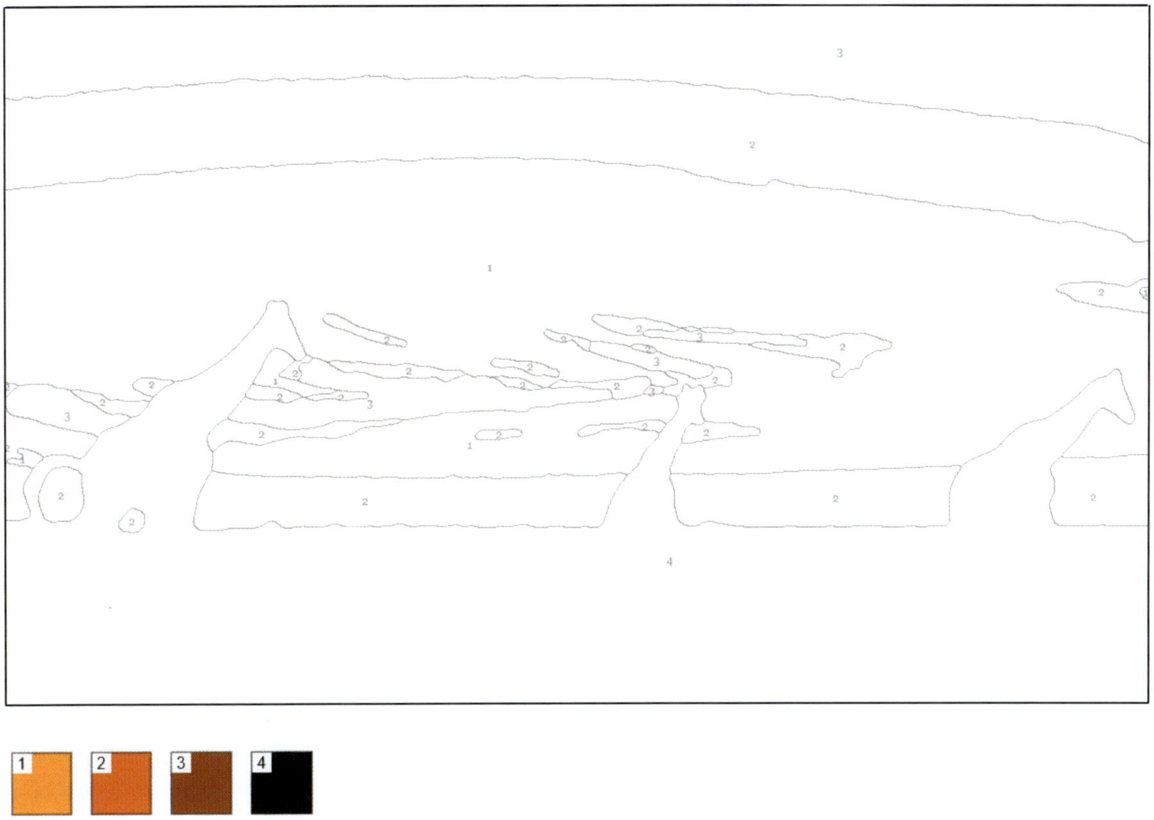
1
2
3
4

1
2
3
4
5
6
7

1
2
3
4
5
6
7
8

1
2
3
4
5
6
7
8

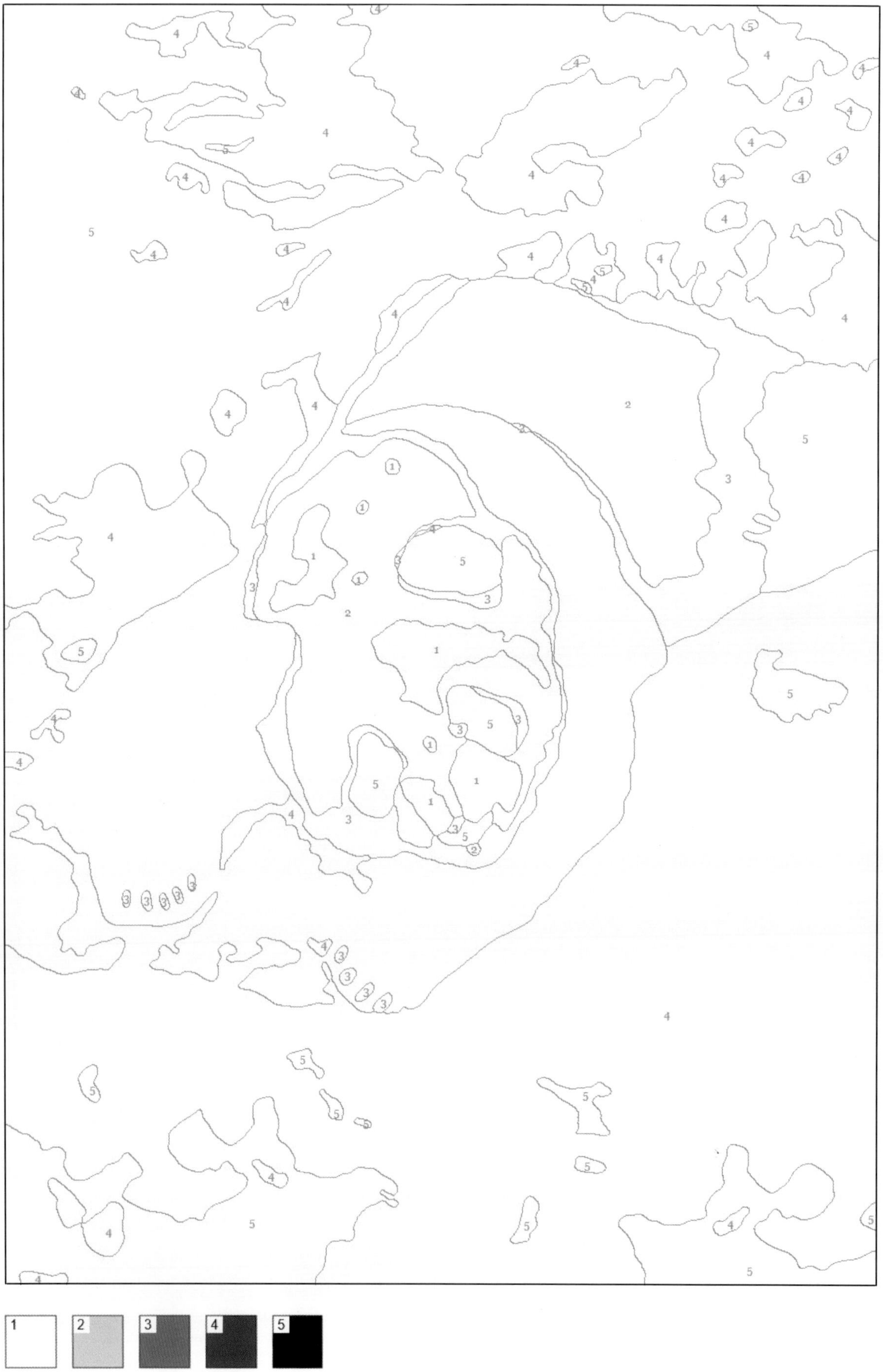
1
2
3
4
5

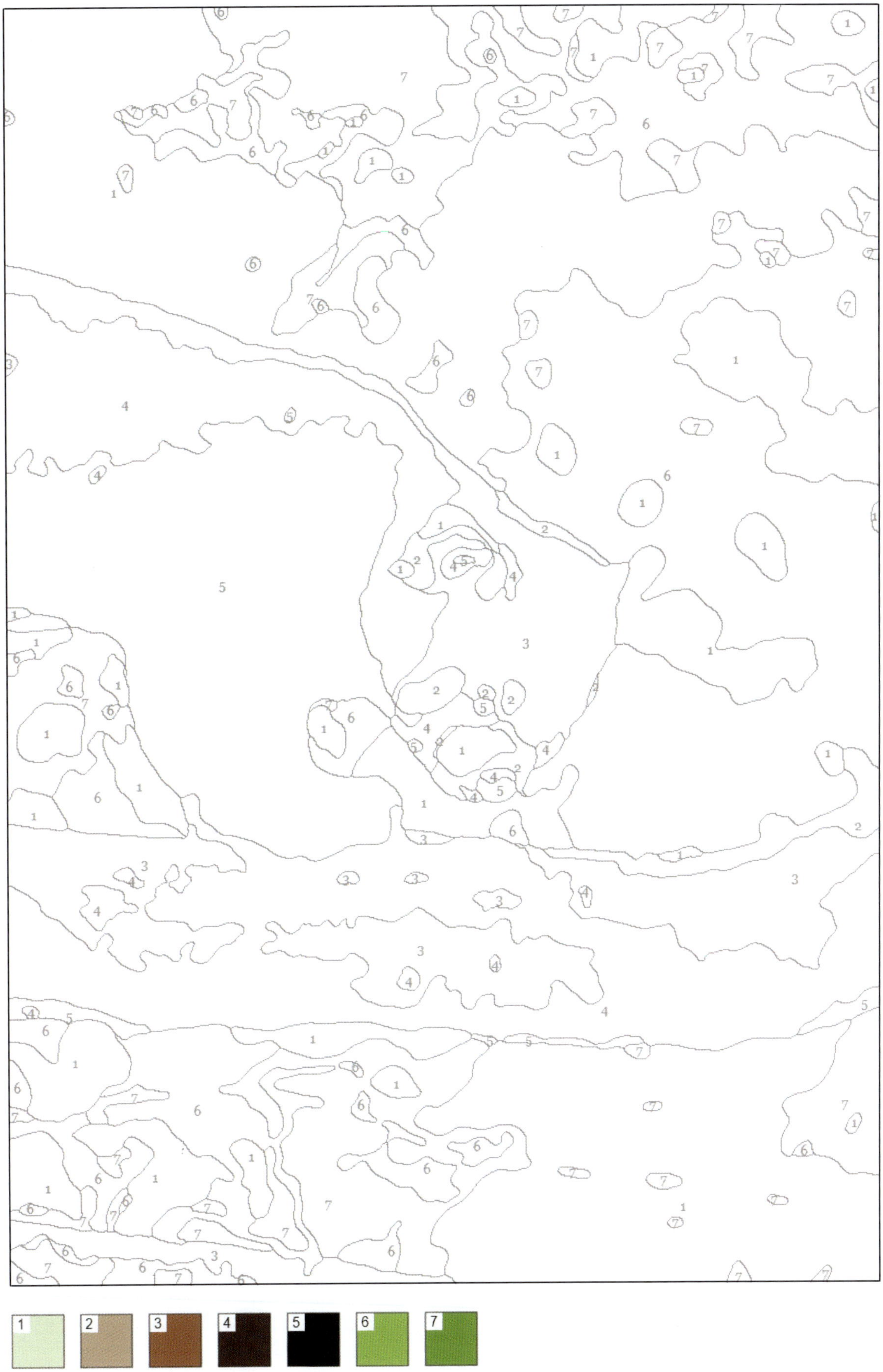

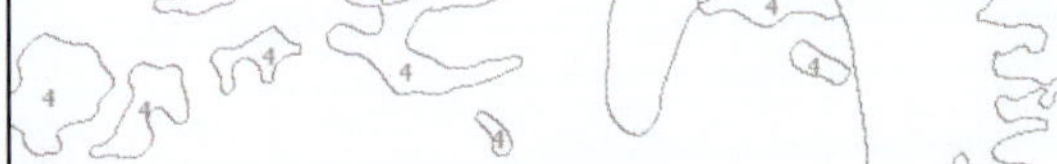
1
2
3
4
5
6

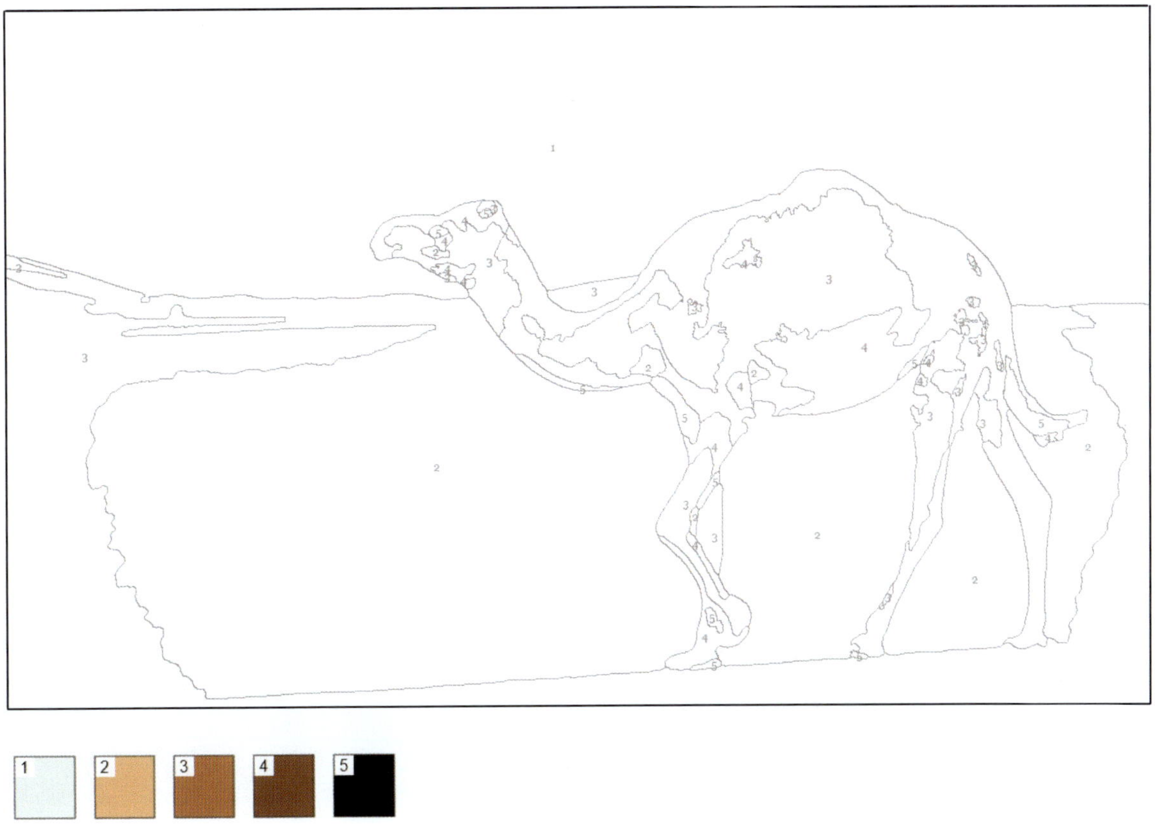
1
2
3
4
5

1
2
3
4
5

1
2
3
4
5
6

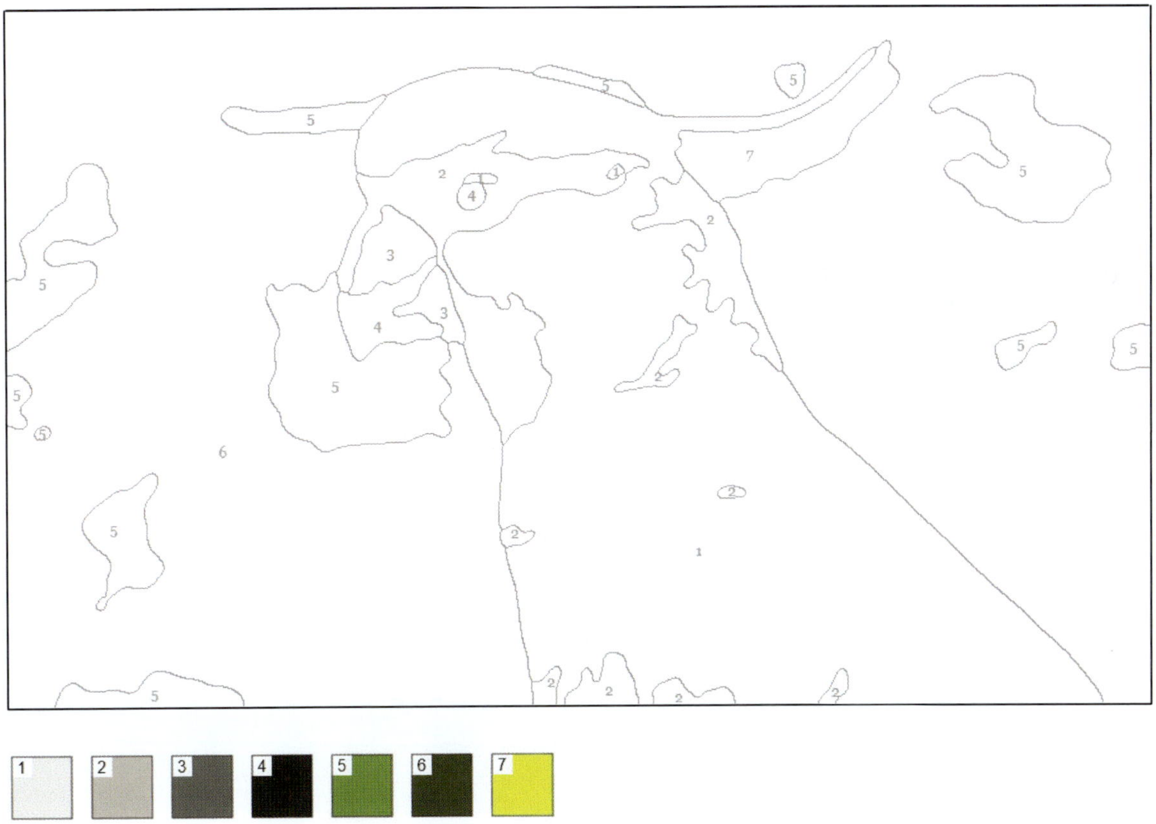

1
2
3
4
5

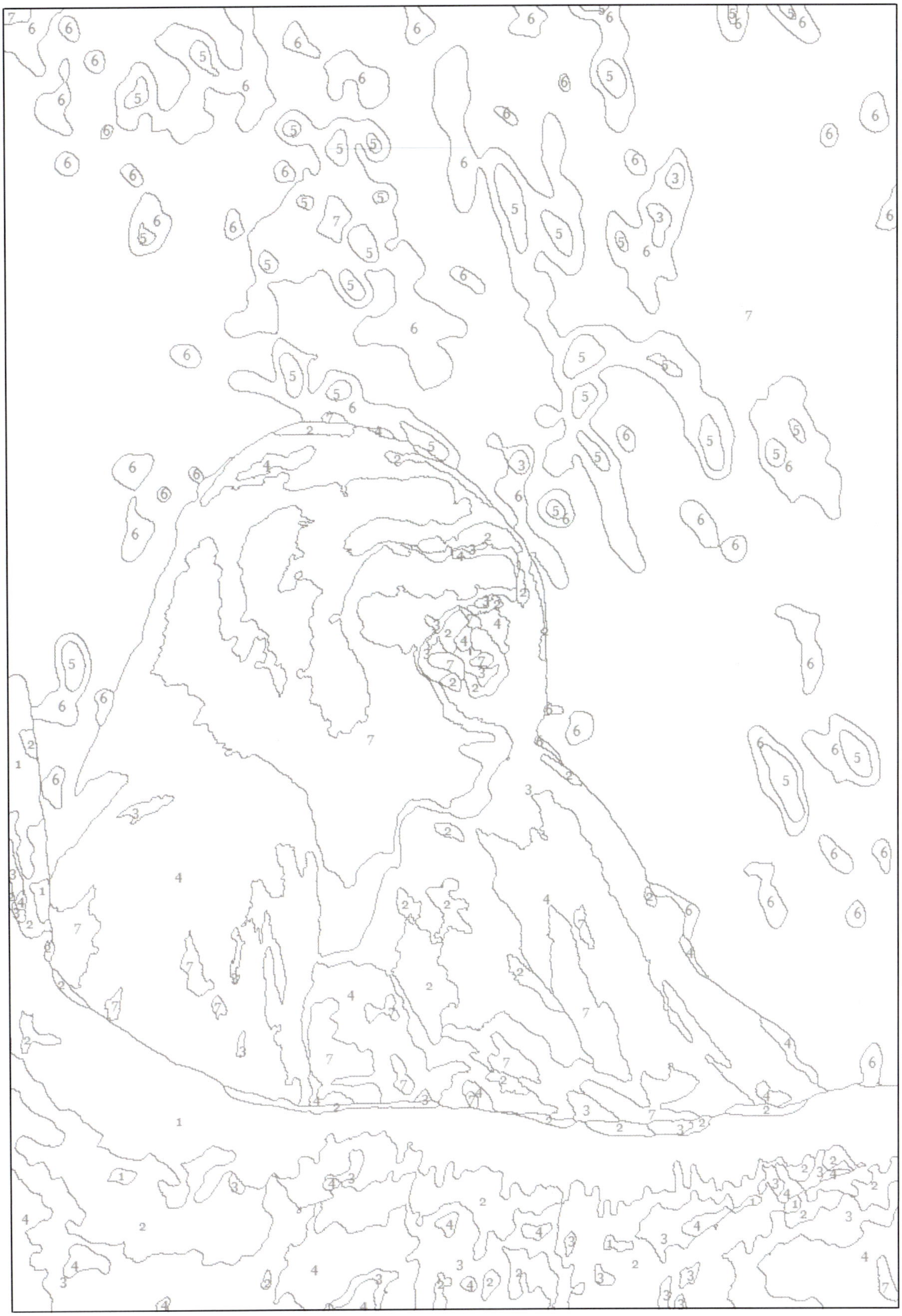

1
2
3
4
5
6
7

1
2
3
4
5
6
7
8

1
2
3
4
5

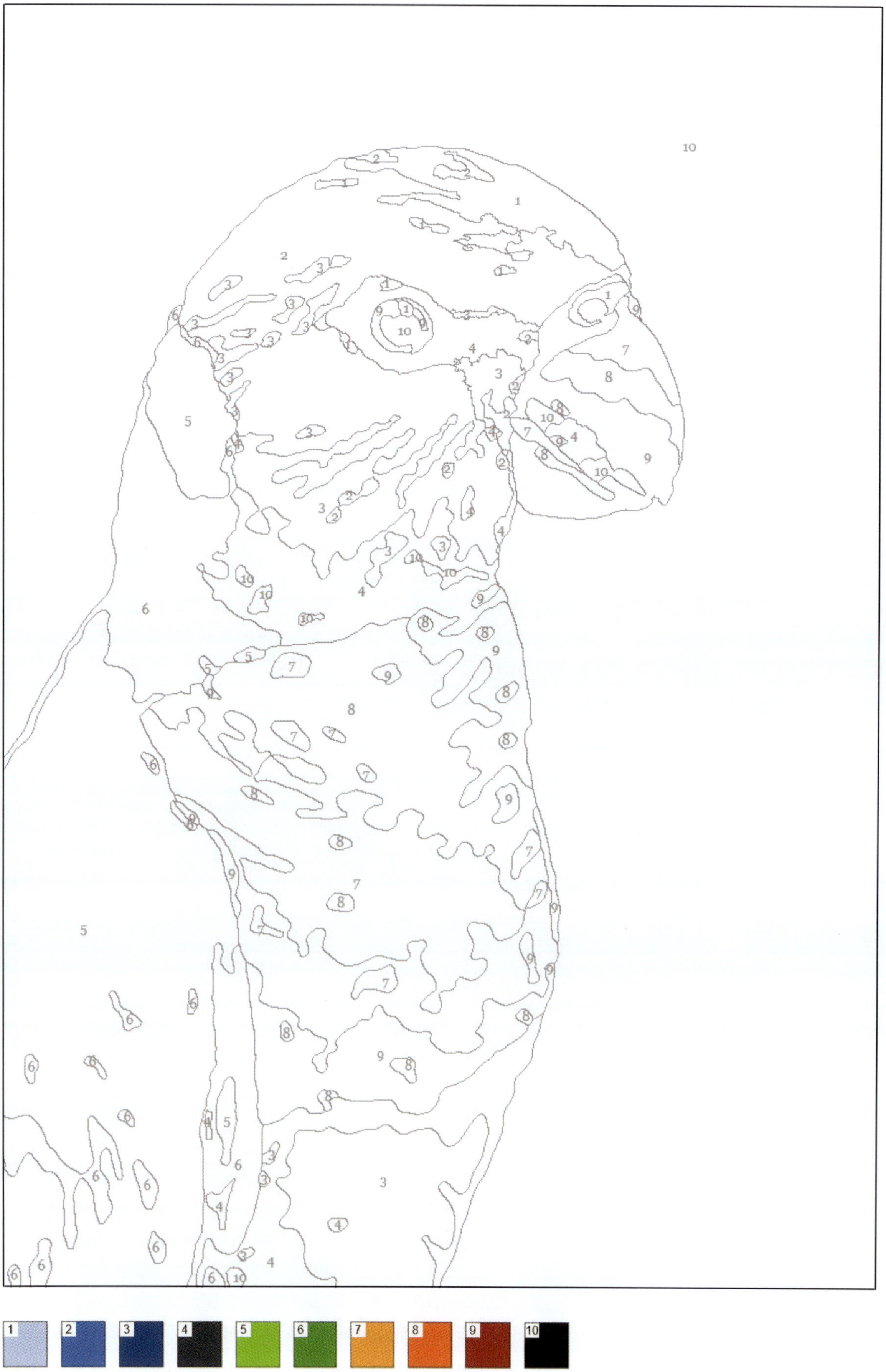

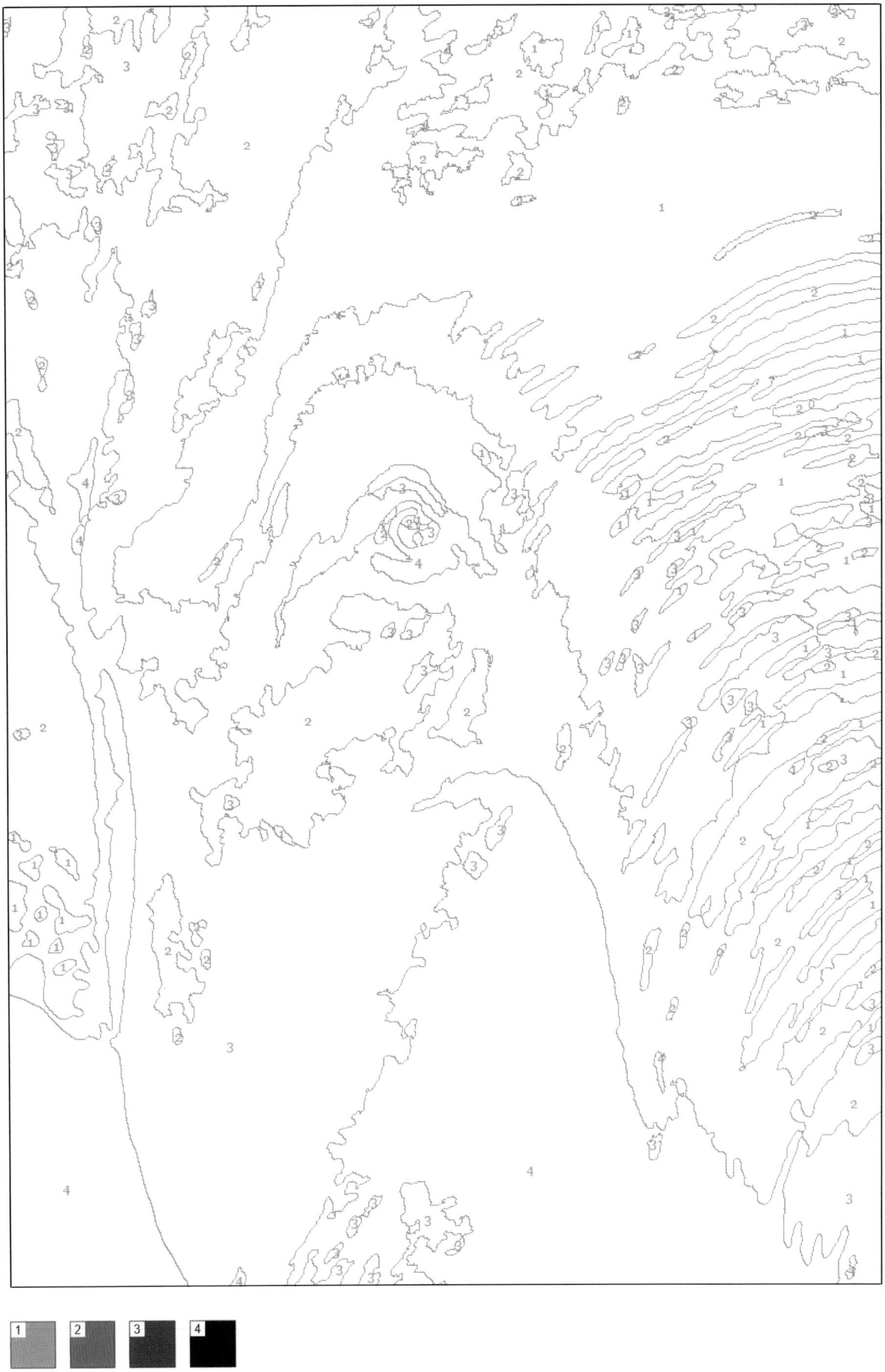

1
2
3
4
5
6
7

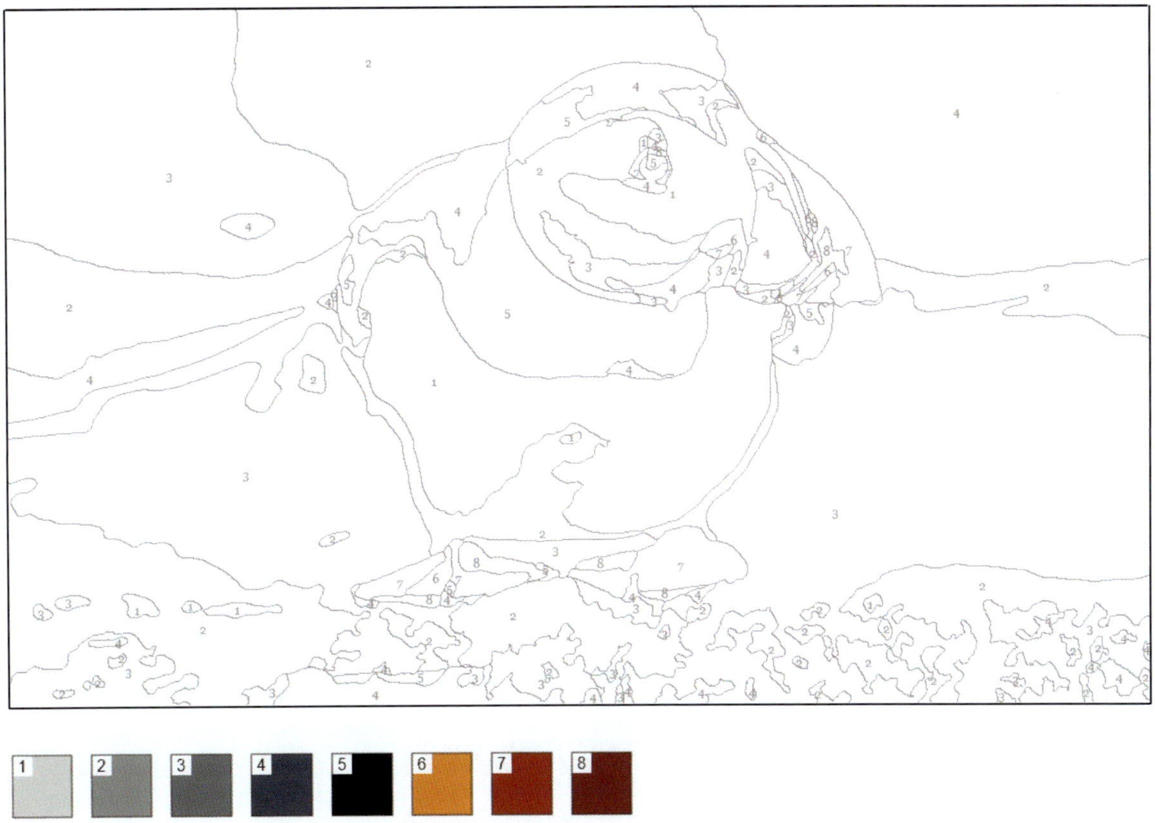
1
2
3
4
5
6
7
8

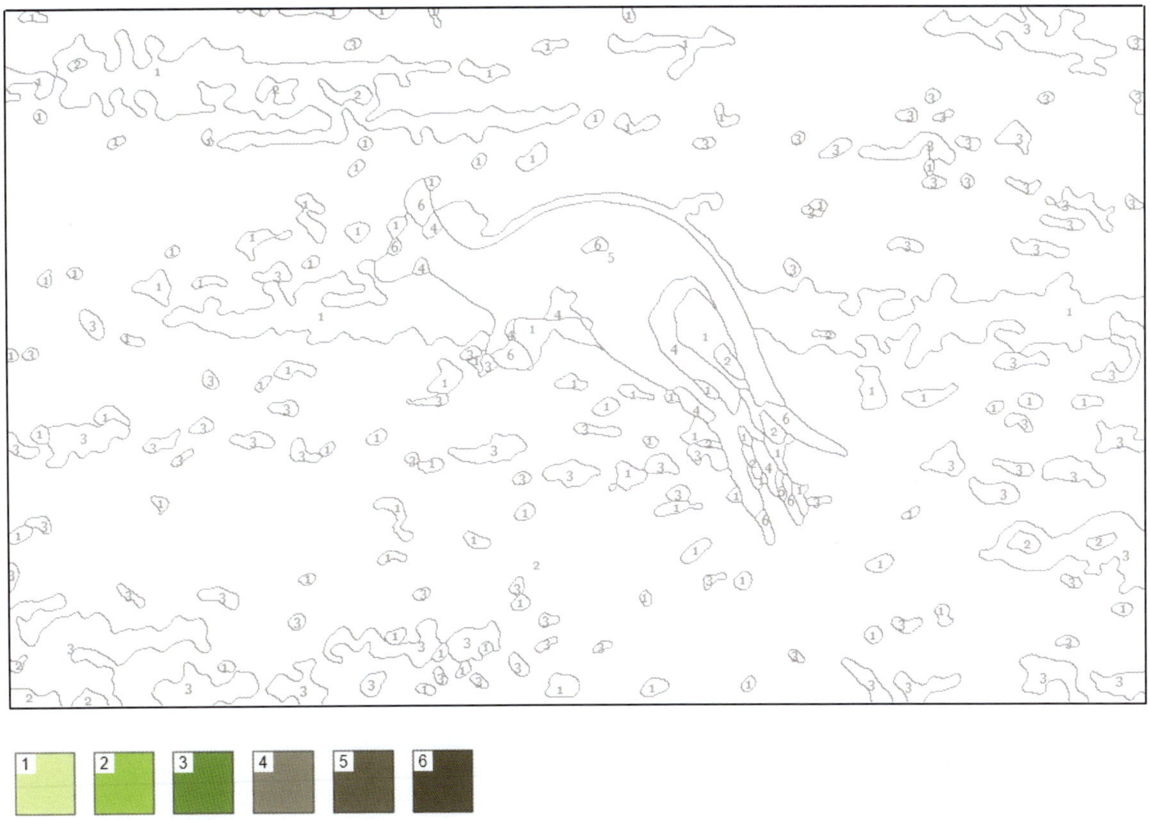
1
2
3
4
5
6

1
2
3
4
5

1 2 3 4 5

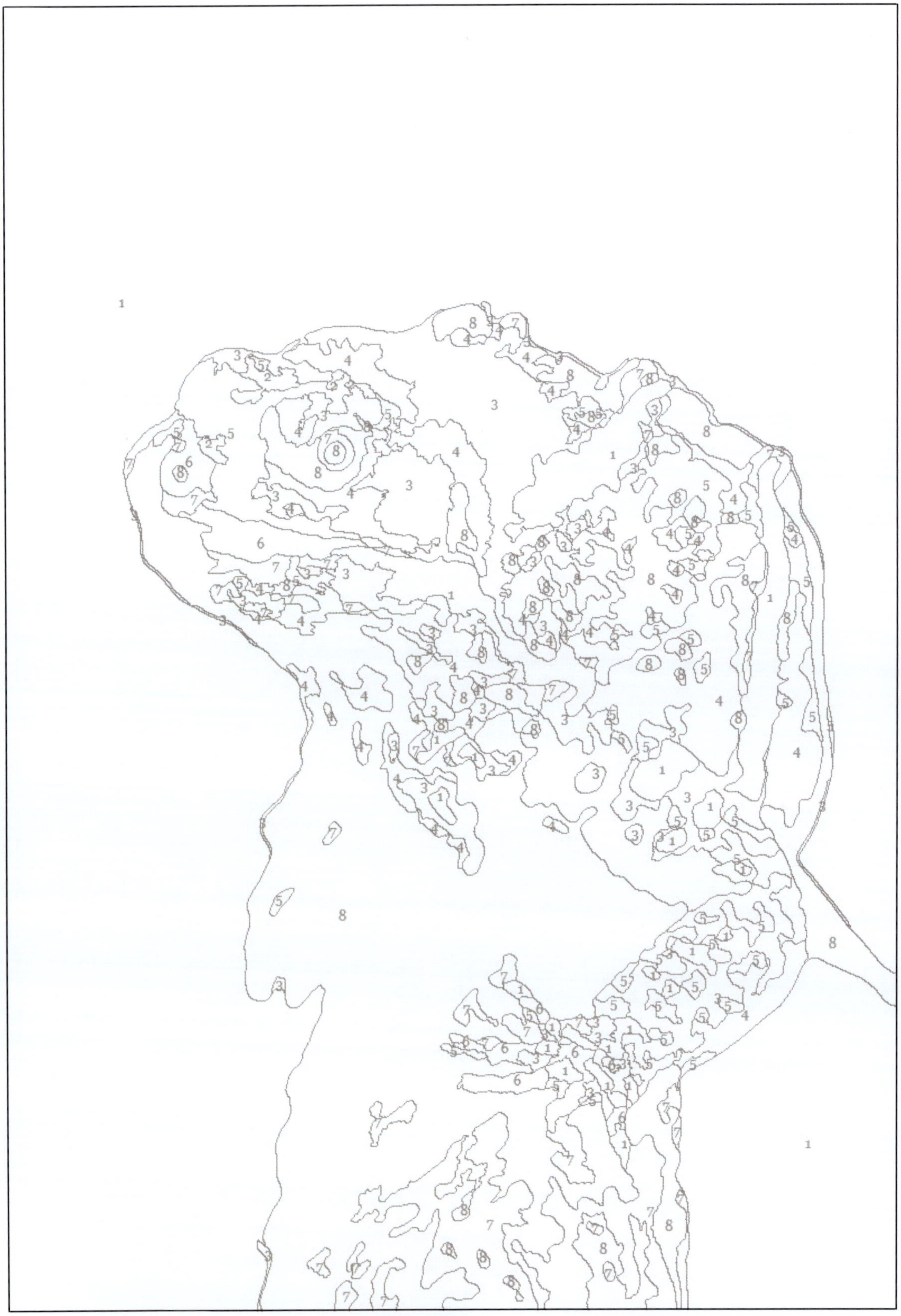

1
2
3
4
5
6
7
8

Printed in Great Britain
by Amazon

65689333R00026